29 et 30 Mai

COLLECTION VAN GROTE

ANCIENNES

PORCELAINES DE CHINE

Émaux cloisonnés. Jades. Sculptures

BRONZES ANCIENS

EXEMPLAIRE DE M. [illegible]

PARIS — MAI 1906

ANCIENNES

PORCELAINES DE CHINE

Émaux cloisonnés, Jades, Sculptures

BRONZES ANCIENS

CATALOGUE

DES

ANCIENNES

PORCELAINES DE CHINE

EN BLEU ET EN COULEUR

DES

Époques Ming, Khang-Hi, Kien-Lung, etc.

ÉMAUX DE CANTON

SCULPTURES ET OBJETS DIVERS

Émaux cloisonnés

Matières dures : JADE, CRISTAL DE ROCHE, AGATE, etc.

TABATIÈRES, FLACONS, ETC.

Beaux bronzes des époques primitives et autres

MEUBLES, ETC.

Composant la Collection de M. VAN GROTE

ET DONT LA PREMIÈRE VENTE AURA LIEU

HOTEL DROUOT, SALLE N° 11

Les Mardi 29 et Mercredi 30 Mai 1906, à 2 heures

COMMISSAIRE-PRISEUR

Me F. LAIR-DUBREUIL, 6, rue de Hanovre.

EXPERTS

MM. PAULME & B. LASQUIN FILS
10, rue Chauchat et rue Laffitte, 12

M. L. HÉLIOT
62, rue de Clichy, 62

EXPOSITION PUBLIQUE

Le Lundi 28 Mai 1906, de 1 heure 1/2 à 6 heures.

ORDRE DES VACATIONS

Mardi 29 Mai 1906.

	Numéros.
Anciennes porcelaines de Chine	1 à 96
Émaux de Canton	97 à 115
Objets divers	116 à 127

Mercredi 30 Mai 1906.

Emaux cloisonnés	128 à 146
Matières dures	147 à 202
Bronzes	203 à 238
Meubles	239 à 243

DATES CORRESPONDANT AUX ÉPOQUES

INDIQUÉES AU CATALOGUE

Soung	960-1127	Khang-Hi	1661-1722
Ming	1368-1647	Young-Tsching	1723-1736
Siouen-Te	1426-1436	Kien-Long	1736-1796
Tsching-Hoa	1463-1488	Kia-King	1796-1821
Wan-Li	1573-1620	Taou-Kouang	1821-1851

Hien Fong 1851

Désignation

ANCIENNES PORCELAINES DE CHINE

A DÉCOR BLEU SUR FOND BLANC

1 — PLAT ovale, décoré au centre d'une scène d'enfants écoliers avec bordure à rinceaux de feuillages et fleurs. Portant la marque de *Tsching-Hoa*.

2 — PETIT PLAT rond, à fond gaufré avec fleurs en blanc. Bordure à fleurs de pêcher en réserve sur fond bleu caillouté. *Tsching-Hoa*.

Diam., 27 cent.

3 — PLAT rond creux, décoré au centre d'un médaillon à fleurs et feuillages en rinceaux; bordure à lambrequin. Revers semblable au médaillon. *Kien-Lung*.

Diam., 30 cent.

4 — PLAT rond creux, décoré de chauves-souris et de fleurs stylisées disposées en rosace, avec encadrement de rinceaux à feuillage et attributs boudhiques; bordure avec ornements réservés sur fond bleu; revers décoré des flots de la mer. *Kien-Lung*.

Diam., 45 cent.

5 — PLAT rond creux richement décoré, au centre, d'un dragon au milieu de feuillages fleuris, encadré de deux autres dragons plus petits et de chrysanthèmes; bordure figurant les flots. Revers avec dragons et fleurs. *Kien-Lung*.

Diam., 50 cent.

6 — SEPT PLATS ronds creux, décorés au centre du dragon à cinq griffes, encadré de quatre autres dragons plus petits ; bordure avec ornements en réserve sur fond bleu. Deux sont marqués *Young-Tsching* et cinq sont marqués *Kien-Lung*.

Diam., 41 cent.

7 — DEUX PLATS ronds creux, décorés en camaïeu violet, au centre du dragon à cinq griffes dans des nuages, encadré de quatre autres dragons plus petits. Revers analogue. *Kien-Lung*.

Diam., 42 cent.

8 — DEUX PETITS PLATS ronds creux, décorés au centre d'un médaillon à fleurs et rinceaux stylisés. Revers analogues. *Young-Tsching*.

Diam., 27 cent.

9 — PLAT rond creux, décoré au centre de feuillages et fruits, avec encadrement de fleurs formant rinceaux ; bordure figurant les flots. *Young-Tsching*.

Diam., 45 cent.

10 — PLAT rond creux, décoré en bleu à deux tons d'ornements boudhiques dans des nuages ; au centre, fleurs et rinceaux ; bordure à ornements divers en réserve. Revers à large bordure de rinceaux fleuris. *Young-Tsching*.

Diam., 50 cent.

11 — PLAT rond creux, décoré sur toute sa surface, ainsi qu'au revers, d'oiseaux du ciel. *Khang-Hi* (marque symbolique).

Diam., 34 cent.

12 — PLAT rond creux, décoré d'oiseaux du ciel disposés en rosace. *Khang-Hi* (marque symbolique).

Diam., 49 cent.

13 — PLAT rond creux, à bords dentelés, décoré au centre d'une scène à personnage, ustensiles divers et encadrement. Large bordure à lambrequin avec fleurs et ornements réservés sur fond bleu. *Khang-Hi* (marque symbolique).

Diam., 38 cent.

14 — Deux plats ronds, creux, décorés de fruits symboliques : la pêche et le cédrat, avec feuillage. *Khang-Hi* (marque à la feuille).

Diam., 41 cent.

15 — Deux autres plats ronds creux, de décor analogue, mais plus petits. *Khang-Hi*.

Diam., 34 cent.

16 — Deux plats ronds à riche décor de dragons dans des nuages : au milieu de médaillons se lisent en blanc, réservés sur fond bleu, des caractères chinois. *Ming* (Siouen-Tê).

Diam., 2[illegible] cent.

17 — Bol décoré à l'intérieur et à l'extérieur de dragons et de flammes, avec bordure. Portant la marque de *Tshing-Hoa*.

18 — Grand bol circulaire et profond, décoré extérieurement de personnages figurant *les huit immortels* dans des nuages, et intérieurement, d'un dragon dans les flammes. *Kia-King*.

Diam., [illegible] cent.

19 — Bol décoré intérieurement d'une rosace avec attributs, et extérieurement de chrysanthèmes et attributs bouddhiques, avec lambrequin inférieur. *Young-Tsching*.

20 — Bol décoré extérieurement de quatre scènes à personnages dans des paysages ou des pagodes, et intérieurement de jeux d'enfants avec bordure à quadrille. *Khang-Hi*.

21 — Bol, décoré à l'intérieur et à l'extérieur de rinceaux de chrysanthèmes sous une bordure stylisée. Portant la marque de *Siouen-Tê*.

22 — Petite bouteille à long col. — Coupe à vin. — Petit vase. Trois pièces variées de décor.

23 — Bouteille à col droit, décorée de branches et de fleurs de chrysanthèmes. *Kia-King*.

24 — Paire de bouteilles à goulot renflé, décorées de fleurs, grecque et lambrequin. *Kien-Lung*.

25 — Vase, forme bouteille, à deux anses ajourées, décoré de dragons et rinceaux fleuris, avec lambrequins haut et bas. *Kien-Lung.*

26 — Brule-parfum à trois pieds et deux anses, décoré par bandes de rinceaux de chrysanthèmes et de bordures variées. *Kien-Lung.*

27 — Brule-parfum analogue au précédent, mais plus petit. *Kien-Lung.*

28 — Brule-parfum de forme oblongue, à quatre pieds et deux anses, décoré de dragons dans les flammes. *Ming.*

29 — Petit pot de forme côtelée, décoré sur chaque godron d'un dragon dans les flammes. *Wan-Li.*

30 — Paire de gros vases, forme balustre aplatie, à deux anses-tubes, décorés sur la panse de chrysanthèmes et feuillages; sur le col, de plusieurs bordures à grecque, fleurs et rinceaux.

Haut., 56 cent.

31 — Grosse bouteille, décorée en léger relief d'un dragon gaufré sous émail blanc, dans des nuages en bleu.

Haut., 56 cent.

32 — Quatre grosses potiches, ornées sur la panse et au col de fleurs de lotus, de nénuphars et autres plantes. Couvercles en forme de feuille.

Haut., 58 cent.

33 — Grand vase-balustre, décoré de dragons et de branches fleuries, avec bordures, haut et bas, de grecque et lambrequin.

Haut., 84 cent.

34 — Paire de grands vases, forme balustre, décorés de nombreux dragons dans les flammes, avec bordures, haute et basse, figurant les flots et un lambrequin.

Haut., 90 cent.

35 — Deux cornets évasés, à renflement médian, décorés de chrysanthèmes, rinceaux et bordures à lambrequin et palmettes. *Kia-King.*

36 — Vase ou cuvette, à bord évasé, décoré de chrysanthèmes ; bordure intérieure figurant les flots. *Kien-Lung.*

Diam., 36 cent.

37 — Vase de forme aplatie, à fond *chair-de-poule*, avec médaillons réservés, ornés de paysages en bleu sur fond blanc. *Kien-Lung.*

Haut., 30 cent.

38 — Grosse potiche, décorée sur la panse de groupes de personnages avec petit lambrequin supérieur et large bordure inférieure à grecque. *Kien-Lung.*

Haut., 55 cent.

39 — Grand vase à col évasé et deux anses, décoré d'un dragon et de l'oiseau du ciel. Bordure inférieure figurant les flots. *Kien-Lung.*

Haut., 75 cent.

40 — Vase à six pans, de forme balustre, à deux anses tubes, décoré par bandes horizontales, de rinceaux de chrysanthèmes, de grecques et ornements divers. Portant la marque de *Young-Tsching.*

41 — Vase cache-pot à panse renflée, orné extérieurement de figures de divinités bouddhiques et de caractères. *Khang-hi* (marque à la feuille).

42 — Vase-balustre entièrement recouvert de caractères disposés de façon régulière. *Khang-Hi.*

Haut., 45 cent.

43 — Paire de vases couverts, de forme ovoïde, à décor de personnages dans des intérieurs. *Khang-Hi.*

44 — Paire de grands vases de forme balustre, décorés sur le col et la panse de personnages et arbustes. *Khang-Hi.*

Haut., 75 cent.

45 — Deux vases, de forme ovoïde, en bleu fouetté uni. *Khang-Hi* marqués. Socles en bois de fer.

46 — Vase à panse turbinée, à décor de grand dragon avec bordures, haute et basse, formées de grecques. *Wan-Li.*

Haut., 53 cent.

47 — Deux autres vases de forme et décor analogues. *Wan-Li.*

Haut., 65 cent.

48 — Autre vase de même forme, à décor de dragons dans les flammes, fleurs et rinceaux. *Wan-Li.*

Haut., 68 cent.

49 — Jardinière de forme carrée, à rebord en grecque, ornée de grandes branches de lotus avec bordure supérieure.

50 — Table circulaire, décorée de chiens de Fô et de flammes.

Diam., 65 cent.

51 — Deux vasques, décorées de dragons et de flammes.

52 — Deux paires de tabourets-tonnelets, décorés les uns de médaillons avec poissons et attributs boudhiques, les autres de branchages, feuillages et fleurs.

53 — Deux bassins à décor de fleurs, avec licorne au centre. *Kien-Lung.*

54 — Boîte ronde couverte, décorée d'un dragon dans les flammes et de branches de fleurs. *Kien-Lung.*

55 — Coupe à fruits, sur piédouche, décorée de dragons et de poissons sur les flots. *Kien-Lung.*

56 — Petite vasque, décorée de branchages fleuris en médaillons, de bordures et lambrequin. *Kien-Lung.*

Diam., 32 cent.

57 — Cache-pot à bord évasé, à quatre pieds, décoré de chrysanthèmes, avec bordure intérieure en forme de grecque. *Kien-Lung.*

Diam., 50 cent.

58 — Deux grands baquets circulaires, décorés de chiens de Fô, avec bordure inférieure. *Kien-Lung.*

Diam., 63 cent.

59 — Grande vasque de forme sphérique, à couverte gros-bleu.

60 — Drageoir couvert, décoré de dragons, fleurs et rinceaux. *Wan-Li.*

61 — Cuvette ronde, décorée, dans le fond, d'un dragon dans les nuages ; bordure à rinceaux ; revers orné de dragons. *Ming.*

Diam., 31 cent.

ANCIENNES PORCELAINES DE CHINE

A DÉCOR EN COULEUR, CÉLADONS, ETC.

62 — Sous ce numéro, qui sera divisé, vingt bols d'époques, grandeurs et décors différents.

63 — Petit vase de forme lobée. — Crachoir. — Petite gourde à trois goulots. Trois pièces variées de décor.

64 — Bol couvert et tasse, décorés en couleur de trophées, d'attributs et d'ustensiles, avec bordures formées de grecque et lambrequin.

65 — Petite jardinière de forme rectangulaire, à quatre pieds et à bord évasé, décorée sur fond rose de fleurettes en rinceaux ; à l'extérieur, branchages fleuris en couleur sur fond jaune impérial.

66 — Deux éléphants caparaçonnés et portant un vase, décorés d'ornements divers sur fonds de différentes couleurs.

67 — Paire de grands vases décorés de dragons en vert de cuivre sur des nuages en bleu. Bordures, haute et basse, figurant les flots de la mer.

Haut., 82 cent.

68 — Six petites tasses a vin, décorées en couleur de crabes dans des herbages. Portant la marque *Tao-Kouang*.

69 — Six bols décorés de fleurs en couleur sur fond jaune, à l'extérieur ; petite chauve-souris à l'intérieur. *Tao-Kouang*.

70 — Bol de décor analogue, de même époque, mais plus grand.

71 — Plat rond creux, décoré en couleur d'attributs boudhiques dans des nuages ; au centre, fleurs et rinceaux ; bordure à ornements divers en réserve sur fond verdâtre ; au revers, large bordure avec rinceaux fleuris. *Kien-Lung* marqué.

Diam., 34 cent.

72 — Grand brule-parfum à trois pieds et deux anses, décoré de fleurs de pêcher et de branches de bambou en couleur sur fond bleu-lapis. *Tao-Kouang*.

73 — Bouteille en céladon blanc, gaufré sous couverte à feuillages et fleurs. *Kien-Lung*.

74 — Vase, forme balustre, à deux anses, décoré par bandes horizontales de frises de dragons et feuillages en rinceaux rouge et bleu. *Kien-Lung*. Socle en bois de fer.

75 — Autre vase analogue au précédent.

76 — Petit écran décoré au centre sur fond blanc d'un arbuste avec fleurs et oiseaux, et d'un paysage en couleur. Encadrement et pied décorés en dorure sur fond marron. *Kien-Lung*.

77 — Vase de forme ovoïde reposant sur un plateau à piédouche, décoré de canaux avec fleurs en couleur et lambrequin à fond jaune d'époque *Kien-Lung*. Le corps du vase est de bronze doré en partie émaillé et ajouré à motifs de dragons dans les flammes au milieu de médaillons.

78 — SIX COUPES A FRUITS décorées de dragons en rouge de fer, avec couvercles surmontés d'un oiseau. *Kien-Lung*.

79 — QUATRE PETITS BOLS décorés à l'extérieur de bouquets de fleurs dans des rinceaux formant encadrement ; à l'intérieur, rosace au centre. Marqués *Kien-Lung*.

80 — GRANDE BUIRE à bec et anse formée d'un dragon, décorée en couleur de fleurs et feuillages sur fond jaune gravé ; bordure en dorure sur fond rouge. *Kien-Lung*.

Haut., 40 cent.

81 — VASE à panse turbinée et lobée à fond bleu-turquoise, chargé de dragons, feuillages, fleurs, lambrequins et caractères en couleur et dorure. Portant la marque de *Kien-Lung*.

82 — VASE à panse turbinée à deux petites anses formées de dragons. La partie centrale est décorée, sur fond rose gravé, de fleurs et rinceaux en couleur ; le col et la base d'une ornementation analogue sur fond bleu. *Kien-Lung*.

83 — DEUX PAGODES sur socles carrés, décorées en dorure de chrysanthèmes sur fond bleu persan ; les socles en rouge de fer. *Kien-Lung*.

84 — SÉRIE DE HUIT ORNEMENTS du culte décorant les pagodes et représentant des attributs bouddhiques en émaux de couleur. *Kien-Lung*.

Haut., 49 cent. environ.

85 — BASSIN de forme circulaire à bord plat, décoré en couleurs de fleurs, feuillages et chauves-souris formant rinceaux sur fond vert turquoise. Revers analogue. *Kien-Lung*.

Diam., 39 cent.

86 — VASQUE entièrement décorée en couleur, de chrysanthèmes, de lotus et autres fleurs avec branchages formant rinceaux sur fond turquoise. Bordure supérieure à lambrequin en bleu et rose sur fond jaune ; bordure inférieure simulant la fleur de lotus. Intérieur orné de poissons et herbages. *Kien-Lung*.

Diam., 54 cent. ; haut., 41 cent.

87 — Deux plats ronds creux, en céladon vert d'eau, ornés au centre en léger relief d'un dragon dans des nuages; au revers, bordure à feuillage. *Young-Tsching.*

88 — Deux coupes à fruits à piédouche, en rouge haricot. *Young-Tsching.*

89 — Assiette *sang-de-bœuf. Khang-Hi.*

90 — Petit vase de forme obconique en porcelaine blanche, gaufrée sous couverte. *Khang-Hi.*

91 — Plat rond creux, dit : *Plat de mariage*, décoré au centre, en émaux de couleur, d'un sujet à personnages allégoriques. Au revers, trois bandes de caractères chinois. Portant la marque de *Tsching-Hoa.*

Diam., 39 cent.

92 — Grande vase-lanterne en céladon gaufré sous couverte à feuillages et fleurs. Portant la marque *Tsching-Hoa.*

Haut., 76 cent.

93 — Petit bol et soucoupe *claire-de-lune.*

94 — Plaque circulaire en céladon, offrant au centre une partie rouge *sang-de-bœuf*, avec entourage émaillé vert antique à reflets irisés. Cadre en bois de fer.

95 — Grande théière à anse et bec, portant sur l'une des faces de la panse des caractères en gravure. *Terre de Boccaro.*

96 — Grande théière à bec et anse en forme de tronc d'arbre, décorée de branchages fleuris en relief. *Terre de Boccaro.*

EMAUX DE CANTON

97 — Deux pots, une coupe et une jardinière ; quatre pièces variées de décor.

98 — Deux bols à bord évasé, décorés à l'intérieur et à l'extérieur de fleurs et oiseaux, avec bordures diverses en émaux de couleur.

99 — DEUX PAIRES DE PETITS VASES-JARDINIÈRES, de forme lobée, décorés de fleurs et arabesques en couleur sur fond turquoise.

100 — CRAPAUD à trois pattes (*emblème du bonheur et de la fortune*), décoré en émaux de couleur. Socle en bois de fer figurant les flots.

101 — CRACHOIR, orné de dragons ailés au milieu de rinceaux sur fond turquoise.

102 — DEUX VASES CACHE-POTS, décorés de fleurs et rinceaux, en émaux de couleur imitant le cloisonné, sur fond bleu turquoise.

103 — DEUX PLATS, décorés de rinceaux en dorure sur fond bleu lapis.

104 — VASQUE décorée, sur fond bleu turquoise de rinceaux de chrysanthèmes en bleu foncé.

Diam., 44 cent.

105 — GRAND PANNEAU, décoré sur fond bleu lapis, chargé de chauves-souris dans des nuages en dorure, d'un Persan monté sur un éléphant blanc, d'un vase orné de fleurs, d'une coupe de fruits et autres ornements. Cadre en bois de fer.

Haut., 1 m. 10; diam., 72 cent.

106 — PAIRE DE FLAMBEAUX de temple, décorés en couleur de fleurs et feuillages sur fonds bleu et vert. *Kien-Lung*.

107 — BRULE-PARFUM à trois pieds et couvercle ajouré, de décor analogue aux flambeaux précédents. *Kien-Lung*.

108 — VASE-CORNET à renflement médian, de même décor que les précédents. *Kien-Lung*.

109 — GRAND BRULE-PARFUM à deux anses et couvercle, portant sur quatre pieds consoles, décoré de grecques, de caneaux et lambrequins en émaux de couleur et dorure sur fond turquoise : bordure à grecque, arêtes et chimère de couronnement en bronze doré. *Kien-Lung*.

TABATIÈRES ET FLACONS

110 — Trois tabatières ou flacons en porcelaine à décors variés.

111 — Quatre tabatières ou flacons en ivoire, bois ou verre.

112 — Neuf tabatières ou flacons en agate, variés de couleur et de forme.

113 — Quatre autres en malachite ou cornaline.

114 — Quatre autres en cristal de roche ou améthyste.

115 — Onze tabatières ou flacons en jade, variés de couleur et de forme: un est monté en argent.

OBJETS DIVERS

BOIS — IVOIRES — VERRE, ETC.

116 — Sous ce numéro, qui sera divisé, quatre pitongs en ivoire sculpté, à décors variés de personnages dans des paysages, pagodes, fleurs, etc.

117 — Pitong figurant un tronc d'arbre, en ivoire sculpté à feuillages et fleurs en relief.

118 — Deux bols et un plateau en forme de fleur de lotus, en ivoire finement sculpté en relief, à fleurettes et feuillages.

119 — Deux sceptres en bois de fer ou ivoire sculpté à jour, dont un enrichi de jades et pierreries.

120 — Quatre plaques d'ornements en ivoire sculpté et un ustensile en ébène, avec incrustations de métal.

121 — Figurine de Chinoise debout en bois sculpté.

122 — Groupe de divinité en bambou sculpté.

123 — Panneau rectangulaire en bois sculpté figurant un vase, reposant sur un socle et orné d'un bouquet de fleurs. Cadre en ébène.

124 — Trousse en bois de fer, avec riche monture d'argent ciselé, ornée de dragons et lambrequins à fleurs ; elle renferme un coutelas à manche en bois, garni d'argent, et deux baguettes d'ivoire à monture de même métal.

125 — Deux panneaux décoratifs, peints sur papier, offrant, sur fond bleu ciel : l'un, un pêcher en fleurs et fruits, avec oiseau ; l'autre, des fleurs de lotus, des bégonias et des volatiles. Cadres en bois de fer.

126 — Bouteille en verre de Pékin à deux couches, blanc et rouge, sculptée à feuillages et animaux. Socle en bois de fer.

127 — Figurine de Boudah, en pierre de lard sculptée.

ÉMAUX CLOISONNÉS

128 — Sous ce numéro, qui sera divisé : tasses, boites, petit vase et soucoupe, émaillés en couleur sur fond bleu turquoise.

129 — Paire de pots couverts, de forme ovoïde, décorés en couleur de rochers, branchages, fleurs et oiseaux sur fond jaune impérial caillouté d'or.

130 — Paire de vases, de forme ovoïde, avec col évasé, décorés en couleur de dragons dans des flammes sur fond résillé d'or et bleu-lapis; lambrequin supérieur et bordure inférieure.

131 — Disque décoré d'arabesques en couleur sur fond bleu turquoise et bleu lapis; au centre, cartel en bronze avec caractères chinois.

Diam., 39 cent.

132 — Plaque ornementale en argent doré et émaillé avec oiseaux du ciel et feuillages ciselés et enrichie de pierreries.

133 — Deux bouteilles décorées en émaux de couleur sur fond bleu turquoise; au col, chrysanthèmes, à la panse, feuilles et fleurs de lotus.

134 — Grand brasero circulaire à trois pieds, décoré de fleurs, grecques et arabesques en émaux de couleur sur fond turquoise.

Diam., 68 cent.

135 — Plaque carrée, décorée de rochers, d'arbustes et de branchages fleuris en émaux de couleur sur fond bleu turquoise.

136 — Paire d'appliques simulant des gourdes reposant sur des socles en bronze doré, décorées en émaux de couleur et dorure, d'attributs bouddhiques sur fond bleu turquoise. *Kien-Lung.*

Haut., 53 cent.

137 — Disque ou miroir offrant au revers un paysage peint sous verre, sur support émaillé en couleur à fond turquoise. *Kien-Lung.*

138 — Vase à deux petites anses en bronze, émaillé en couleur à fleurs et arabesques sur fond bleu turquoise. *Khang-Hi.*

139 — Petit brule-parfum à trois pieds et avec son couvercle ajouré en bronze, décoré de caractères et de grecques en émaux de couleur sur fond bleu turquoise. *Khang-Hi.*

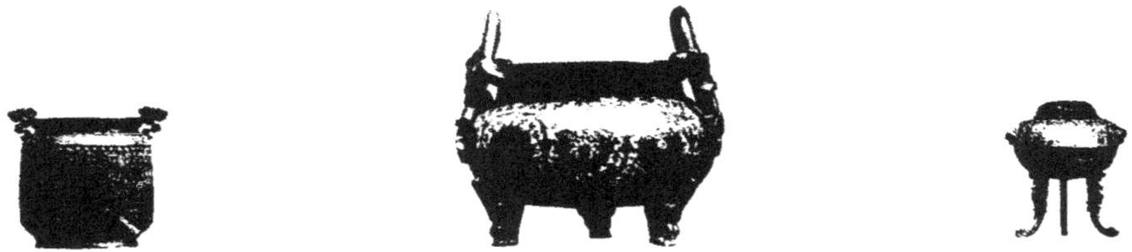

138 [illegible] 139

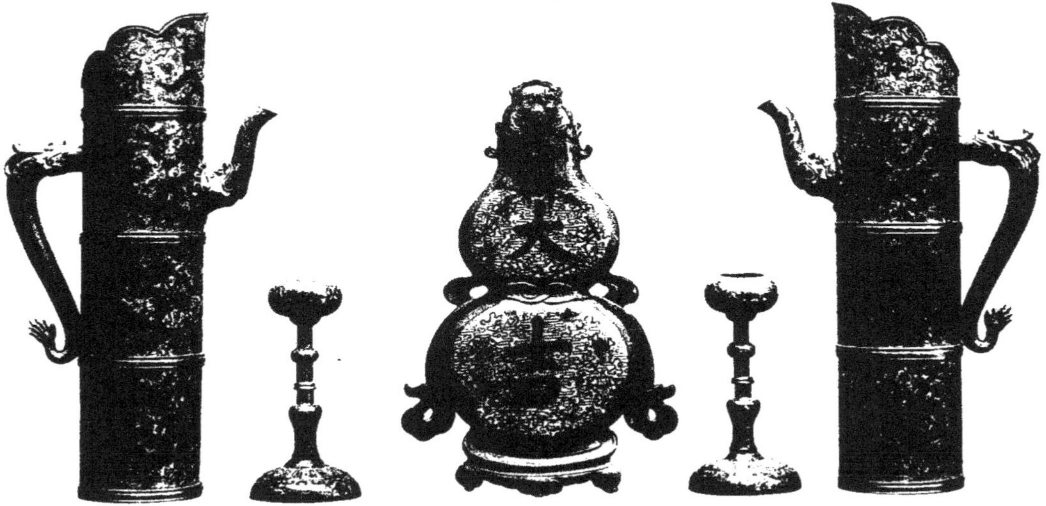

146 141 136 141 146

1200

Phototypie Berthaud Paris

140 — PLATEAU à bord relevé, décoré dans le fond d'un carrelage en hexagones doubles, émaillé bleu à deux tons sur fond turquoise et bordure à rinceaux. Il repose sur une galerie ajourée en bronze doré avec appliques de chauve-souris de même matière. *Khang-Hi.*

141 — DEUX FLAMBEAUX de temple, à tige-balustre et base circulaire, décorés d'ornements divers en émaux de couleur sur fond bleu turquoise. *Khang-Hi.*

142 — MOULIN à prières décoré en couleur d'ornements et d'inscriptions en couleur sur fond bleu turquoise. *Khang-Hi.*

143 — BOITE ronde sur son couvercle, décorée sur le dessus d'un dragon, et au pourtour de fleurettes en émaux de couleur sur fond bleu turquoise. *Ming.*

144 — BRULE-PARFUM à trois pieds à têtes d'éléphants et anses en forme de dragons, décoré de chrysanthèmes et rinceaux en émaux de couleur sur fond bleu turquoise. *Ming.*

145 — VASE-BALUSTRE décoré d'arabesques, de dragons et de grecques en émaux de couleur sur fond bleu turquoise. *Ming.*

146 — DEUX GRANDES BURETTES à bec avec anse en forme de dragon, décorées par bandes horizontales de dragons dans des flammes en émaux de couleur sur fond bleu turquoise. *Ming.*

MATIÈRES DURES

JADES, CRISTAUX DE ROCHE, MALACHITE, AGATE, ETC.

147 — *Jades variés.* PIED SUPPORT en fleur de lotus. — SOCLE de brûle-parfum. — PETIT BRULE-PARFUM couvert, à trois mascarons formés de têtes de béliers. — DEUX ANNEAUX repercés à jour en jade blanc. Cinq pièces.

148 — *Jade gris.* Manche de poignard à tête de cheval et feuillage sculpté. Ancien travail oriental.

149 — *Jade gris.* Petite coupe couverte à marbrures vertes. — Autre coupe avec monture ajourée en argent.

150 — *Jade gris.* Vase forme balustre.

151 — *Jade gris.* Vase honorifique formé de deux tubes jumeaux réunis par des dragons taillés à jour.

152 — *Jade gris.* Bouton très finement sculpté et évidé à jour.

153 — *Jade gris.* Vase en forme de fleur de cédrat. Socle en bois de fer.

154 — *Jade gris.* Petit vase en forme de fleur de lotus taillée à jour. Socle en bois de fer.

155 — *Jade gris.* Petit vase en forme de buire, avec anse taillée à jour, figurant une branche avec fleur. Socle en bois de fer.

156 — *Jade gris clair.* Pagode ornée de motifs gravés.

157 — *Jade gris clair.* Bouteille de forme aplatie, ornée de quatre anneaux retenus par des trompes d'éléphants, taillés dans la masse.

158 — *Jade gris clair.* Deux petits pots couverts, taillés à petites côtes régulières, imitant la fleur de marguerite.

159 — *Jade gris clair.* Coupe, de forme évasée, avec pied rapporté, décorée à l'extérieur de fleurs dans des quartefeuilles et de deux bordures formant frises. Ancien travail oriental.

160 — *Jade gris clair.* Deux coupes de forme évasée, entièrement taillées extérieurement de fines arabesques à fleurs en léger relief. Socles en bois imitant une fleur, sculpté et découpé à jour.

161 — *Jade gris clair.* Statuette de Divinité accroupie, tenant dans ses mains, croisées sur les genoux, une pagode.

Haut., 23 cent.

162 — *Jade gris verdâtre marbré.* Grand vase, en forme de balustre écrasé, à deux anses tubes.

163 — *Jade gris verdâtre.* Deux petites coupes rondes, couvertes, repercées à jour à motifs de grecques. Boutons en forme de fleurs de marguerites.

164 — *Jade gris verdâtre.* Coupe ronde, de forme surbaissée, ornée à l'extérieur de trois bandes de feuillage stylisé. Ancien travail oriental.

165 — *Jade gris veiné vert.* Coupe en forme de fleur de lotus.

166 — *Jade vert.* Deux pitongs, dont l'un avec bambous gravés.

167 — *Jade vert.* Coupe ronde, en forme de fleur de marguerite.

168 — *Jade vert foncé.* Petit vase, de forme sphérique, à côtes multiples régulières et petites feuilles. Ancien travail oriental.

169 — *Jade vert foncé.* Boite carrée avec son couvercle, décorée en léger relief, sur le dessus et les côtés, de médaillons avec animaux et attributs mongols. *Ming.*

170 — *Jade vert foncé.* Paire de flambeaux de temple, sculptés en léger relief de lambrequin, fleurs et palmes.

171 — *Jade émeraude.* Vase avec couvercle, accompagné d'un tronc de bambou taillé dans le même bloc, avec branchages, oiseaux et autres animaux. Socle en bois de fer.

172 — *Jade brûlé.* Petite coupe oblongue, à extrémités arrondies, avec fleurs en léger relief.

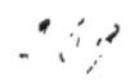

173 — *Jade clair brûlé.* THÉIÈRE et son couvercle, en forme de fleurs de lotus, avec caractères gravés et sculptés en léger relief. *Kien-Lung.*

174 — *Jade vert olive.* Sous ce numéro, qui sera divisé : neuf tasses unies.

175 — *Jade vert olive et autres.* Sous ce numéro qui sera divisé : vingt-neuf petites tasses de forme obconique.

176 — *Jade vert olive.* Sous ce numéro qui sera divisé : dix-huit bols de grandeurs variées.

177 — *Jade vert olive.* DEUX BOITES à opium, deux petites coupes, un flacon avec monture ajourée en argent doré, une poignée avec ornements en relief. Six pièces.

178 — *Jade vert olive.* CINQ ASSIETTES unies de grandeurs variées.

179 — *Jade vert olive.* COUPE en forme de fleur de nénuphar.

180 — *Jade vert olive.* PETIT VASE carré, forme balustre écrasé, avec anses à têtes d'éléphants munie d'anneaux mobiles et taillés dans la masse.

181 — *Jade vert olive.* COUVERCLE de brûle-parfum décoré de six compartiments avec feuillage en relief.

182 — *Jade vert olive.* COUPE ronde surbaissée à petites côtes, imitant la fleur de marguerite.

183 — *Jade vert olive.* PETIT VASE CORNET à renflement médian taillé à feuilles et ornements divers.

184 — *Jade vert olive.* VASE HONORIFIQUE en forme de corne d'abondance à tête de chimère et taillé en relief de dragons dans des flammes. Support en bois de fer finement sculpté. *Ming.*

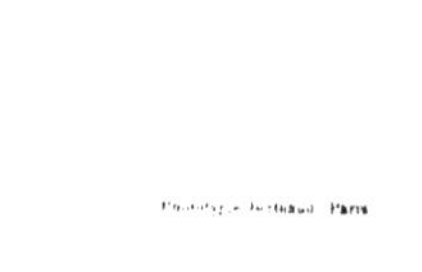

Phototypie Berthaud Paris

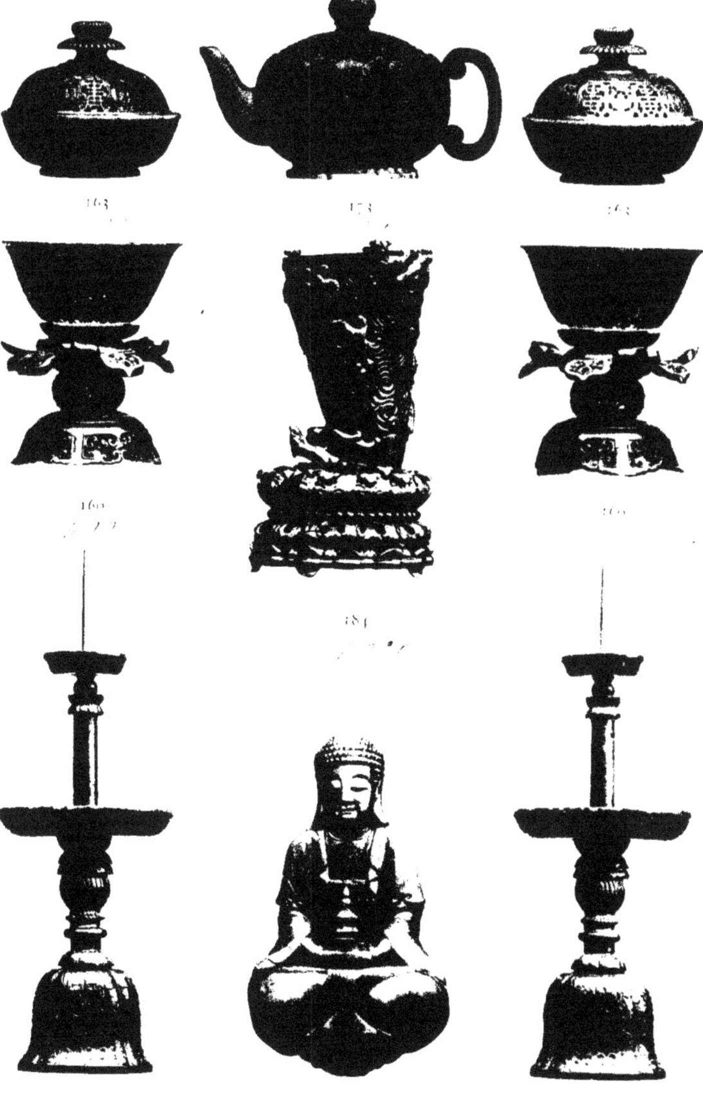

163 173 163

166 184 166

170 161 170

185 — *Jade blanc tacheté de jaune.* Crapaud à trois pattes (*emblème de bonheur et fortune*).

186 — *Jade blanc nacré.* Petite coupe unie.

187 — *Jade blanc nacré.* Bol uni.

188 — *Jade blanc.* Bol évasé en forme de fleur, avec attributs bouddhiques divers. Socle en bois de fer.

189 — *Jade blanc.* Présentoir décoré extérieurement d'ornements réguliers et d'une rosace. Ancien travail oriental.

190 — *Jade blanc.* Coupe sculptée sur la panse de fleurs de lotus en relief.

191 — *Jade blanc.* Coupe en forme de fleur, avec branchages taillés à jour. Socle en bois de fer.

192 — *Jade blanc.* Bol couvert, de forme aplatie ; bordure à lambrequin découpé et chauve-souris en gravure sur le couvercle.

193 — *Jade blanc.* Vase de forme carrée, gravé avec dragons en haut-relief. Socle en bois de fer.

194 — *Jade blanc.* Brule-parfum à anses munies d'anneaux mobiles, taillées dans la masse, et orné de rinceaux sur la panse et d'un médaillon dans le fond.

195 — *Jade blanc.* Figurine chinoise accompagnée d'un axis, sculptée et gravée.

196 — *Jade blanc et multicolore.* Deux petites coupes en forme de fleurs de lotus, avec feuillages en relief.

197 — *Jade multicolore.* Vase en forme de fleur de cédrat.

198 — *Agate*. COUPE de forme octogonale.

199 — *Aventurine*. ENCRIER en forme de *Lien-tse*.

200 — *Cristal de roche*. PETIT VASE avec couvercle, soutenu par un *Lien-tse*.

201 — *Malachite*. BLOC taillé simulant un rocher. Socle en bois de fer.

202 — DEUX PANNEAUX DÉCORATIFS ornés de fleurs de lotus, avec applications de jades, cristaux et autres matières dures. Cadres en bois de fer simulant des fleurs.

ANCIENS BRONZES CHINOIS

203 — PETITE BOUTEILLE en bronze patiné ornée de caractères orientaux en léger relief — AUTRE PETITE BOUTEILLE de même nature avec anses en branche de bambou.

204 — COUPE à deux anses mascarons, en bronze à patine claire tachetée d'or.

205 — CRAPAUD à trois pattes formant jardinière en bronze patiné.

206 — GOURDE de forme aplatie en bronze, ornée sur la panse d'ornements dorés disposés en rosace.

207 — PAIRE DE FLAMBEAUX de temple, en bronze ajouré, le pied orné de dragon et chimère, le porte-lumière en forme de fleur de lotus.

208 — DEUX BOITES rondes en bronze patiné avec inscription orientale gravée en léger relief sur le dessus.

209 — PAIRE DE LIONS de Fô, en bronze doré. Socles en bois de fer.

210 — Paire de flambeaux, formés chacun d'un éléphant porte-lumière. Socles en bronze doré.

211 — Vase double en bronze tacheté d'or, avec dragons et ornements en relief. — Petit boudah assis, en bronze doré. — Boite carrée, en forme de grecque, bronze doré à patine claire. — Petit vase de forme carrée avec col, en bronze doré, encadrant des plaques de jade.

212 — Paire de flambeaux tripodes, en bronze patiné, les porte-lumières en forme de fleurs de nénuphar.

213 — Coffret de forme rectangulaire, en bronze ciselé, en partie doré, avec arêtes sur les angles en forme de grecques. Couvercle analogue.

214 — Brule-parfum en bronze, de forme rectangulaire, sur quatre pieds cylindriques élevés, orné de godrons sur la panse avec animaux et caractères en léger relief.

215 — Moulin a prières en bronze patiné et bronze doré.

216 — Deux figures d'enfants chinois, debout, en bronze, portant chacun un vase sur le dos ; l'un des deux porte un sceptre, l'autre un pinceau.

217 — Brasero circulaire, à trois pieds en bronze, à patine claire.

218 — Deux vases-jardinières, de forme aplatie, en bronze patiné, sur socles de même matière.

219 — Brule-parfum de forme rectangulaire, avec couvercle ajouré surmonté d'une chimère ; la panse à deux anses est décorée d'ornements en léger relief.

220 — Trois vases, forme balustre, à col et base évasés, à deux anses munies d'anneaux, décorés en relief de grecques, palmettes et frises d'ornements divers.

Haut., 30 cent.

221 — Vase-jardinière reposant sur trois pieds à têtes d'éléphants, orné sur toute sa surface de fleurs et feuillages en haut relief.

222 — Grande bouteille à patine brune, décorée en nielles d'argent, de lions de Fò, de nuages et de flammes.

Haut., 56 cent.

223 — Brule-parfum à deux anses formées de dragons, reposant sur trois pieds et orné sur la panse de deux dragons en léger relief. *Ming*.

Haut., 18 cent.

224 — Brule-parfum, de forme rectangulaire, avec couvercle ajouré, et quatre pieds à têtes d'éléphants, décoré d'ornements gravés. *Ming*.

225 — Brule-parfum à deux anses formées de têtes chimériques, avec anneaux, orné d'une frise d'ornements gravés, avec grecque à la base. *Ming*.

226 — Brule-parfum, formant jardinière, à deux anses figurées par un oiseau du ciel, décoré d'une frise et de dentelure gravées. *Ming*.

227 — Vase-cornet orné d'une salamandre en haut relief et d'ornements gravés. *Ming*.

228 — Vase à deux anses munies d'anneaux, décoré sur la panse, par bandes horizontales, d'ornements stylisés en forme de frises. *Ming*.

Haut., 19 cent.

229 — Vase couvert, en forme de gourde, avec base ajourée, orné au col de deux lambrequins en relief. *Ming*.

230 — Vase ovale, à deux anses formées de dragons dorés, orné sur la panse de deux médaillons, avec arbustes dorés en relief. *Ming*.

231 — Grande chimère assise, en bronze patiné.

Haut., 70 cent.

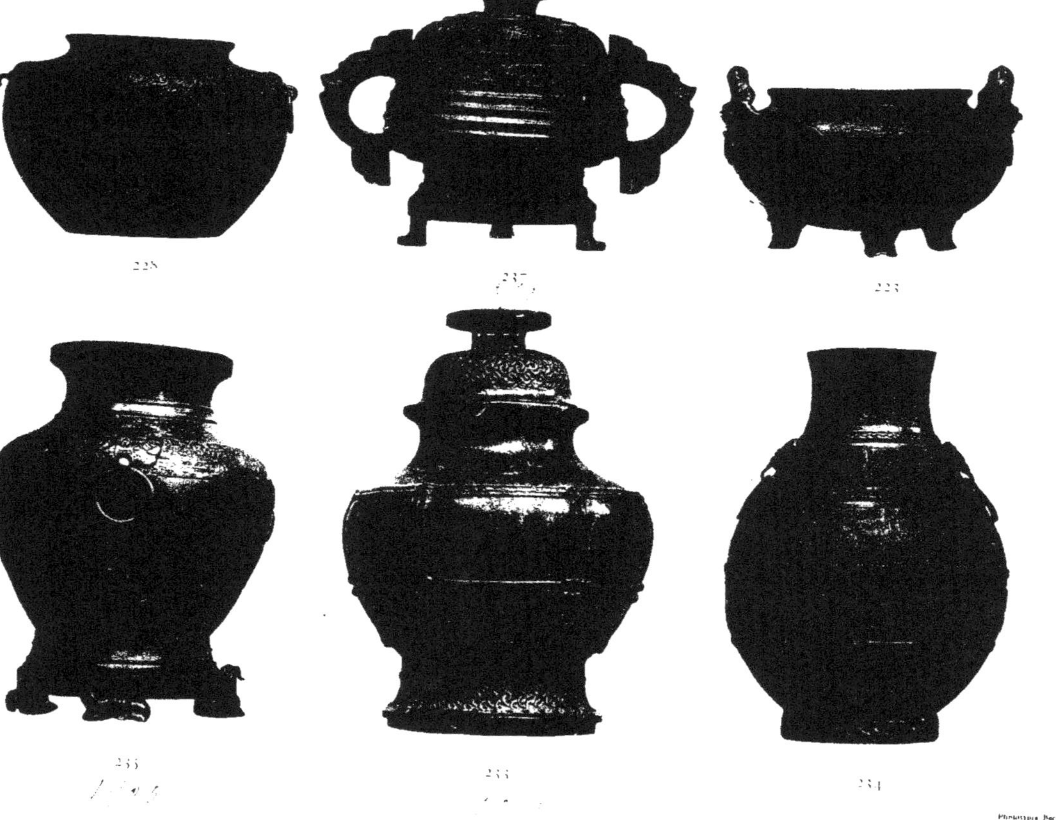

228 237 223

235 233 234

Phototypie Berthaud, Paris

232 — Vase de forme aplatie à deux anses, à anneaux en bronze patiné uni. *Soung*.

233 — Vase couvert, à patine verte, orné sur la panse de cordages en relief; à la base et au couvercle, entrelacs. *Soung*.

Haut., 42 cent.

234 — Vase à deux anses formées d'anneaux, décoré sur la panse par bandes horizontales d'arabesques en grecques. *Soung*.

Haut., 39 cent.

235 — Vase muni de trois anses à anneaux et reposant sur trois pieds formés de gazelles. Il est orné, sur la panse, de bandes avec palmes et grecques gravées en creux. Patine verte et brune. *Soung*.

Haut., 38 cent.

236 — Vase porte-bouquet, formé de deux oiseaux accouplés, en bronze incrusté d'or et d'argent. *Soung*.

237 — Brule-parfum à deux anses, avec son couvercle et base à trois pieds, décoré par bandes horizontales de têtes d'animaux et de caractères archaïques. *Tchéou*.

Haut., 26 cent.

MEUBLES

238 — Deux petites armoires ouvrant à quatre portes et un tiroir, en bois de fer orné d'appliques en jade.

Haut., 60 cent.

239 — Meuble, forme écran, en bois de fer très finement sculpté et ajouré, garni d'appliques en jade et de verres églomisés, avec paysages et personnages. *Kien-Lung*.

Haut., 63 cent.

240 — Pagode de forme monumentale, en bois de fer, avec appliques incrustées de jade, d'émaux cloisonnés, de bronzes dorés : elle est surmontée, à chaque angle et au centre, de petites pagodes en émail cloisonné. *Kien-Lung*.

Haut., 95 cent.

241 — Meuble-étagère en laque rouge de Pékin, orné d'arabesques, feuillages, grecques et rosaces sculptées. Il comprend seize compartiments à fond noir et semis de fleurs en dorure.

Haut., 95 cent.; larg., 80 cent.

242 — Deux petits meubles-étagères en bois de fer sculpté à fleurs, fruits et feuillages, ouvrant chacun à deux portes, ornées d'appliques en cuivre gravé dans la partie inférieure, et renfermant dix compartiments, avec glaces sur les côtés, dans la partie supérieure.

Haut., 91 cent.; larg., 49 cent.

www.ingramcontent.com/pod-product-compliance
Ingram Content Group UK Ltd.
Pitfield, Milton Keynes, MK11 3LW, UK
UKHW021315190726
13839UKWH00007B/1870